LONDRES:

SCHULZE ET CO. 13, POLAND STREET.

QU'EST-CE QUE LA LOI

DANS UNE MONARCHIE FONDÉE SUR LE PRINCIPE DE LA SOUVERAINETÉ NATIONALE?

ET

QUE DOIVENT FAIRE

LES BONS CITOYENS

POUR EN ÉTABLIR LE RÈGNE DANS L'INTÉRÊT DE LA FRANCE ET DU ROI DES FRANÇAIS?

LONDRES:

DULAU ET CO. LIBRAIRES-ÉDITEURS,

37, SOHO SQUARE.

1839.

A MONSIEUR

MONSIEUR LAFFITTE.

Londres, le 1er Janvier, 1839.

Monsieur,

Après le déni de justice et de courtoisie que vous m'avez fait essuyer dans une affaire où je regrette que vous ne m'ayez pas accordé plus d'attention, il ne me viendrait point à la pensée de solliciter l'appui de votre influence en faveur d'un écrit sorti de ma plume, si cet écrit n'était du nombre de ceux qui par leur importance effacent le nom de l'auteur et ne laissent voir que la grandeur de son sujet.

Mais il s'agit de la liberté, du bonheur, de l'existence même de la France, il s'agit du triomphe de la souveraineté nationale, du salut de la dynastie que vous avez si puissamment contribué à fonder ; et toutes ces choses sont si étroitement liées au sort de l'inscription qui se lit sur votre hôtel, que tout acte qui tend à les maintenir a droit à votre protection, dès qu'il vous est signalé ; c'est là le motif de ma dédicace.

L'œuvre que je vous dédie, sortie, pour ainsi dire, de mon cœur, comme un cri d'avertissement et de douleur que je ne pus m'empêcher de jeter, il y a huit ans, en lisant sur la terre étrangère le récit des malheurs de ma patrie, repose sur une pensée si juste, que le tems, au lieu de la démentir et de l'annihiler comme tout ce qui est faux, n'a fait qu'en démontrer la vérité et la rendre plus irrésistible en lui donnant, en quelque sorte, le caractère de la prédiction.

Cependant comment se fait-il qu'une brochure écrite sous l'influence du moment et dans le but d'arrêter les malheurs qu'elle déplorait ait tardé si long-tems à paraître ?

En voici les raisons :

Dès le mois de Février 1832, j'envoyai mon manuscrit à M. Casimir Delavigne avec une lettre conçue à-peu-près en ces termes :

Londres, 13 Février, 1832.

Monsieur,

En me faisant l'honneur de me donner votre avis sur mon roman, vous avez eu la bonté d'ajouter à vos conseils que s'il se présentait une occasion de m'être utile vous la saisiriez avec empressement. Je suis on ne peut plus touché de votre offre généreuse ; et je viens tout-à-la-fois vous en remercier et la mettre à profit.

Mon cœur saigne à la lecture des désastres qui plongent et replongent sans cesse ma patrie dans le sang. Ce cœur, que chaque jour passé hors de France rend encore plus français, étouffe sous le poids des pensées douloureuses qui l'assaillent toutes les fois que le sang français coule sous le fer des Français ; il frémit de voir les monarques absolus, secondés par l'inhabileté ou par la trahison de nos ministres, à la veille d'anéantir à force d'ar_tifices et d'intrigues la sublime révolution de Juillet, qui les écraserait s'ils l'attaquaient de front.

Dans cet état d'affliction, j'éprouve le besoin de communiquer à mes compatriotes quelques idées que je crois de nature à prévenir d'effroyables malheurs, et il me semble que je ne puis faire un plus noble usage de la haute influence que vous daignez mettre à ma disposition que de vous adresser les pages sur lesquelles j'ai jeté ces idées, et de vous prier de m'aider à les publier.

Je regrette infiniment de ne pouvoir revêtir ma pensée du mérite de la diction, faute de tems et de talent ; je sens combien cette double pénurie me met au-dessous de mon sujet, mais j'espère que tous les bons citoyens oublieront en présence des grands intérêts de la patrie mes négligences de style et mes incorrections.

Quant à vous, Monsieur, je ne crains pas de vous importuner en interrompant vos travaux littéraires pour vous entretenir de patriotisme et de liberté : je sais que j'écris à l'auteur de l'inscription funèbre qui marque le champ sacré où reposent les cendres glorieuses des héros qui succombèrent en combattant pour nos libertés et pour celles de nos arrière-neveux dans les immortelles journées de Juillet ; journées que l'on voudrait flétrir en en ravalant les martyrs au rôle de champions imbéciles qui se seraient fait tuer uniquement pour remplacer une tyrannie honteuse, par une tyrannie plus honteuse, plus sanglante et plus dépravée. Or nul autant que vous, Monsieur, ne peut avoir à cœur de repousser l'outrage fait à la mémoire des braves que vous avez chantés.

Veuillez agréer, Monsieur, avec le tribut d'admiration, d'estime et de reconnaissance que méritent votre bienveillance, votre patriotisme et votre génie les salutations cordiales de votre serviteur,

P. P.

Quelques semaines après cet envoi, je reçus de Monsieur Casimir Delavigne la réponse ci-après :

" Monsieur,

" Notre librairie est toujours très-malheureuse,
" et je n'ai pas encore trouvé d'aquéreur pour vo-
" tre manuscrit ; d'ailleurs malade et accablé de
" travaux comme je le suis, je ne pourrais donner
" à cette publication les soins qu'elle réclame.
" Veuillez donc me dire ce que je dois faire de
" votre ouvrage. En attendant la personne en-
" voyée par vous pour le reprendre, je tenterai de
" nouveaux efforts et s'ils sont infructueux, croyez
" que j'éprouverai un vif regret de ne pouvoir vous
" donner une preuve de l'intérêt que m'inspirent
" votre position et votre talent.

" Veuillez agréer, Monsieur, etc."

Les nouveaux efforts tentés par M. Casimir Delavigne furent infructueux et mon ouvrage rentra dans mes cartons.

Depuis lors, à chaque nouvelle calamité politique qui affligea la France, je sentis se réveiller dans mon cœur un désir plus vif et plus ardent de publier ma pensée ; mais l'état de la librairie n'étant pas meilleur, tous mes efforts n'aboutirent qu'à me convaincre davantage que, dans les temps difficiles, la presse n'existe en France que pour les grosses bourses et pour les grands noms.

Vainement donc, lorsque des fanatiques, enfantés par l'immoralité du gouvernement, ou des mercenaires, mis à l'œuvre par les factions, dirigèrent contre la royauté l'arme toujours odieuse de l'assassinat ; vainement donc, lorsque, sous prétexte de briser cette arme, des ministres délirants frappèrent la France au visage en lui déclarant qu'ils entendaient lui imposer le culte de la peur à l'aide de leurs lois sauvages ; vainement, dis-je, je tentai de ramener ces insensés à des vues plus saines en leur rappelant que la crainte est le dieu de la barbarie, que l'honneur est celui de la civilisation. Force me fut encore de me taire faute d'argent.

Cependant, vers la fin du mois de Mars dernier, la main étouffante de la pauvreté pesant un peu moins lourdement sur moi et les hommes qui exploitent la France la plongeant dans la honte après l'avoir plongée dans le sang, à ce dernier symptôme de décadence et de dissolution que j'avais prédit, toute mon indignation se ralluma et j'envoyai de nouveau mon ouvrage à Paris avec une petite somme destinée à garantir mon éditeur des chances de perte.

Tout obstacle à la publication de ma pensée me semblait levé, quand de toute part des réponses inattendues m'apprirent qu'il en était autrement.

Ici, l'on m'objecta que l'on avait renoncé à la publication des écrits politiques ; là, on m'exprima non-seulement le regret de ne pouvoir se charger de mon ouvrage, mais encore celui de l'avoir proposé à plusieurs confrères sans succès ; ailleurs, on trouva mon œuvre trop démocratique ; ailleurs encore, on la déclara entachée d'aristocratie et l'on refusa de s'en charger à quelque prix que ce fût. Sur ces entrefaites la pétition de la garde nationale parut ; tous les chefs de l'opposition l'approuvèrent ; on la prôna, on la signa et mon manuscrit, rejeté comme anti-démocratique et anti-aristocratique, reprit encore la route de Londres après une promenade de plusieurs mois.

Telles sont, Monsieur, les causes du retard de cette publication, causes auxquelles vous auriez peine à croire si vous ne saviez que ce fut déjà par une fatalité à-peu-près semblable que, lorsqu'il s'agit, en 1830, d'effacer par un grand acte de justice nationale la souillure faite en 1815 à la mémoire du Maréchal Ney, non-seulement on retarda la publication de la défense toute française que j'avais rédigée d'après les sublimes sentiments du brave des braves, mais encore qu'on la retint et qu'on la supprima, pour lui substituer le langage passionné des partis et l'éloquence tortueuse et diserte des avocats.

Qu'est-il advenu de la suppression de mon ouvrage et de tous les sophismes plus ou moins brillants qu'on lui a substitués ?

Hélas, toute la France le sait ! les cendres du maréchal, que je transportais au Panthéon par l'irrésistible force des faits, sont restées flétries et délaissées sous une tombe dégradée par la loi ; le Prince de la Moskowa, qui siégerait aujourd'hui au Luxembourg au milieu des vengeurs et des admirateurs de son père, passe dans la vie inutile et dissipée des courtisans des jours qu'il emploierait à des travaux plus dignes de son nom ; la pairie, qui serait en ce moment honorée et populaire, poursuit sous le feu des épigrammes et des sarcasmes publics les chances du duel à mort dont l'étranger a jeté le germe entr'elle et la France avant de se retirer.

Ces résultats sont bien tristes ! eh bien, Monsieur, quelque tristes qu'ils soient, je crains que la pétition de la garde nationale, substituée à la mesure que je provoquais par ma brochure, n'en produise de plus tristes encore.

Je ne puis voir sans alarme que, au lieu de faire entrer la France franchement et constitutionnellement dans la voie de l'ordre, de la justice, de la liberté, on la pousse plus avant dans la voie du privilège et de l'anarchie. Je ne puis voir sans effroi, qu'on la conduise dépourvue de tout argument valide en présence du juste milieu, au risque de voir ce hideux générateur de désastres et de corruption, qu'un souffle de logique et de morale aurait anéanti, se dresser audacieusement devant les avocats de la pétition et leur dire d'un ton persifleur et triomphant. " De grace, Messieurs, examinez de plus " près votre demande avant de nous presser de la " prendre en considération ; vous verrez qu'elle " renferme toute l'inconséquence, toute l'iniquité " que vous reprochez à notre système et qu'il lui " manque en outre le cachet du savoir faire, qui " seul, en l'absence des principes, autorise à con- " tester le droit du premier occupant."

Et en vérité, Monsieur, s'il plait aux grands histrions politiques qui exploitent la France de tenir ce langage aux défenseurs de la pétition, ceux-ci n'auront rien de solide à répondre : car on est vaincu d'avance, quand pour combattre des comédiens consommés on n'imagine rien de mieux que de jouer soi-même la comédie.

Il n'y avait qu'un moyen de rendre funeste, ou tout au moins stérile, la grande sommation d'équité que je proposais de faire faire par la France aux représentants des cent quatre-vingt mille ; c'était de dépouiller cette sommation de son caractère national, et de la revêtir des insignes du privilège, de l'indiscipline, de l'anarchie, c'était d'enchérir sur l'illustre gachis Lobeau en faisant demander, à titre de rémunération, par un corps armé et pour ce corps armé seulement, des droits qui ne peuvent être réclamés logiquement qu'en vertu d'un principe et pour tous les Français ; ce moyen les auteurs de la pétition l'ont trouvé ! Comment n'ont-ils pas vu que substituer une manœuvre à un principe, un corps licenciable à une nation qui ne l'est pas, c'est placer les hommes du monopole dans la position la plus favorable qu'ils puissent ambitionner ?

En effet, la garde nationale, organisée comme elle l'est aujourd'hui, déplaît-elle au gouvernement? Est-elle un obstacle à l'exécution de ses desseins? La pétition lui offre le plus beau prétexte imaginable pour la dissoudre et la réorganiser par une loi plus en harmonie avec sa politique et ses projets.

Les monopoleurs au contraire n'aspirent-ils qu'à échapper à la nécessité de satisfaire la soif d'égalité politique dont la France paraît être haletante en ce moment ? La pétition leur laisse le choix entre les deux seuls moyens qu'ils aient d'atteindre ce but, et elle se charge de rendre d'une exécution facile celui des deux qu'il leur plaira d'adopter.

Si la loi électorale actuelle atteint le nec plus ultra de leurs désirs, il leur devient d'autant plus aisé de la conserver que la pétition par laquelle on l'attaque est contraire à la logique, à l'équité, en même temps qu'elle est subversive de tout principe de gouvernement ; il leur devient d'autant plus aisé de la conserver, que l'acte par lequel on l'attaque ressemble moins à une pétition qu'à un effort fait pour éclipser la Tour de Babel, puisque l'on sait d'avance que tous les avocats de cet acte, lorsqu'il s'agira de conclure, prendront des conclusions différentes.

Si au contraire nos modernes seigneurs songent à renforcer les fers de la nation en leur donnant une nouvelle forme, ils atteindront d'autant plus facilement leur but, que les prétendus défenseurs de la pétition, ne pouvant se maintenir sur le terrain des pétitionnaires, sous peine d'y succomber sous le poids du ridicule et de la déraison, se repliront infailliblement sur celui de la simple nécessité d'une réforme électorale ; et alors, comme il ne s'agira plus entre les très hauts, très puissants et très honorables débattants que de la confection d'une loi qui, à l'instar de la loi actuelle, laissera la nation en-dehors de la charte, ces messieurs n'auront à se faire mutuellement qu'une bien douce violence pour triompher de leurs divergences réciproques.

Or, je vous le demande, Monsieur, de quel profond découragement les bons citoyens ne se sentiront-ils pas atteints, quand ils verront que cette pétition qu'on leur présente aujourd'hui comme un acte politique, juste, sérieux, irrésistible n'aura produit et ne pouvait produire que l'une de ces trois choses ;

La réorganisation de la garde nationale dans l'intérêt des privilégiés.

L'affermissement du privilège par une nouvelle loi électorale ;

Le rejet pur et simple de la pétition ?

Ce découragement serait mortel pour la liberté, si les vrais patriotes ne se hâtaient de le prévenir ; c'est pour les y convier que, suppléant à la presse de Paris, par celle de Londres, je publie cet écrit, qui, je le sens, dans la position où se trouvent les esprits, a besoin de tout votre appui pour triompher de la répugnance que la pensée qu'il exprime inspirera d'abord à un grand nombre de patriotes distingués ; car cette pensée a pour objet de rectifier l'erreur radicale dans laquelle tous les publicistes de l'opposition sont tombés ; et l'expérience nous atteste que ce n'est que par un grand et noble effort que l'on parvient à reconnaître que l'on s'est trompé. Mais ce noble effort, dont vous avez déjà donné vous-même un si bel exemple du haut de la tribune, j'espère que la lecture attentive de ma brochure l'obtiendra de tous les bons citoyens ; j'espère amener par des preuves irréfutables tous les hommes à principes généreux à reconnaître que la cause de nos maux n'est pas dans la royauté, qu'elle gît toute entière dans la représentation des cent quatre-vingt mille ; dans cette espèce de diète dont chaque membre, possédant une fraction de la couronne, à l'instar des seigneurs polonais, et ne se sentant ni assez fort, ni assez riche pour prendre ou pour acheter la couronne entière, ne songe qu'à vendre au plus haut prix possible la part d'influence que lui donne sa fraction. Pauvre Pologne ! nous qui sacrifierions pour te faire revivre une partie de notre sang, aurons-nous donc ta destinée ?

Depuis le 9 Août 1830, la nation et la royauté sont également asservies par les représentants des cent quatre-vingt mille, et toute la presse divisée en deux grands camps, qui à leur tour se subdivisent à l'infini, nous crie d'une part : " si vous voulez sauver le roi, opprimez le peuple !" de l'autre : " si vous voulez délivrer le peuple, enchaînez le roi !" comme si river les fers de l'un des deux esclaves c'était briser ceux de l'autre. Eh bien, au milieu de ce brouhaha, dont chaque retentissement fait une meurtrissure à la France, je viens, au nom de la patrie, jeter un cri réparateur en disant à mes compatriotes : " Vous ne pouvez sauver la France et le roi qu'en renversant leur commun tyran."

Toute ma brochure est le résultat du raisonnement suivant :

Ce fut un accident heureux pour la France qu'il se trouva en 1830 parmi ses enfans un citoyen assez haut placé pour que, tous les regards se portant spontanément sur lui comme sur le candidat le plus propre à être investi du pouvoir exécutif, la nation échappât en le prenant pour chef au danger de se voir divisée en plusieurs camps par la pluralité des candidats, au moment où elle avait besoin de toutes ses forces pour pouvoir maintenir sa révolution, sans désordre et sans violence, contre les ambitions de l'intérieur et contre les efforts combinés de toutes les aristocraties de l'Europe. Ce fut surtout un accident heureux pour la France que ce citoyen lui offrit par sa position sociale l'avantage de dissiper les alarmes de la partie opulente de la nation sur le sort de la propriété, en même tems qu'il assurait à tous les Français le règne de la liberté et de l'égalité politique par le seul fait de son avénement au trône ; avénement qui portait en soi la reconnaissance immédiate, solennelle et vivante du principe de la souveraineté nationale, principe en dehors duquel il n'y a point de liberté viable : car du moment où l'homme qui en gouverne d'autres cesse de relever d'eux, il n'est plus leur chef, il est leur maître ; il ne commande plus à des citoyens mais à des esclaves.

Or cet accident, heureux en 1830, demeurera tel tant que l'Europe sera constituée aristocratiquement. Loin donc que la nation doive chercher à se séparer de la dynastie nouvelle, elle doit travailler à se l'incorporer, à se l'identifier, à en faire le drapeau immuable de ses libertés ; et, pour accomplir cette œuvre de grandeur, de gloire et de prospérité, il faut qu'elle s'assure la jouissance complète de tous les avantages qui motivent et qui justifient l'avénement de la dynastie de Juillet.

Que si, jusqu'à ce jour, la France a été frustrée de ces avantages, la faute n'en est pas au roi, mais à ses ministres, qui enrôlés, (tous sans exception,) les uns sous la bannière du parceque, les autres sous la bannière du quoique, ont voulu, ceux-ci, que la royauté fût quasi-nationale, ceux-là, qu'elle fût quasi-légitime ; c'est-à-dire, qu'elle demeurât faible et impuissante à la merci de leurs intrigues et de leurs exigences, qu'elle fût sans cesse obligée de négocier avec leurs petites passions et de lutter à force d'or, contre leurs menaces et leurs flatteries, mais cette position humiliante et fragile que d'étroites ambitions d'écus et de popularité bourgeoise ont faite au roi des Français, la France peut la convertir en une position forte et inexpugnable à l'abri de laquelle la patrie verra croître et fleurir chaque jour davantage ses libertés, son honneur, sa puissance et sa gloire. Il dépend de la grande nation d'arracher le roi des barricades à l'état de captivité dans lequel le retiennent les amés féaux de la petite nation officielle. Il dépend du peuple de donner à la dynastie nouvelle, pour garantie de force et de durée, les intérêts, les droits puissants et imprescriptibles de trente trois millions de citoyens, au lieu du droit immoral et fragile du fait accompli, seul boulevard que puissent lui offrir les champions calamiteux du parceque et du quoique, boulevard si faible que, pour le renverser, il suffit de faire jaillir d'un coup de fusil ou d'un coup de poignard un autre fait accompli.

Cette circonstance est si saillante qu'elle ne

peut échapper à la vue des factions, même les
plus miopes, soit à l'intérieur, soit à l'étranger,
et qu'elle les invite toutes à prendre le roi pour
point de mire et à bien viser. Remarquons surtout que, pour les factions aristocratiques, l'invi-
tation n'est pas seulement temporaire, mais " *usque
ad finem ;*" car ce fait accompli, qu'elles ont un
intérêt si grand à faire jaillir, jaillera tout aussi
à-propos pour elle dans un an, dans dix ans, voire
même dans un demi siècle, qu'aujourd'hui ou
demain, tant les quasi-légitimistes et les quasi-
nationaux ont été ingénieux à placer la royauté
dans une position où elle ne pût vivre et mourir
qu'à leur profit. Tant ces messieurs ont raisonné
juste en disant :—

" Faisons que la dynastie nouvelle, dépourvue
" de tout principe, ne puisse prendre racine dans
" le pays, même avec le temps ; faisons qu'elle n'y
" ait pour appui que nos intérêts ; alors, aussi
" long-temps qu'elle aura souffle de vie, force lui
" sera de nous enrichir, si non !....et, quand
" viendra l'heure de lui faire prendre le chemin de
" l'exil ou de l'échaffaud, nous réglerons, suivant
" nos us et coutumes, avec le nouveau pouvoir
" que nous créerons, le nombre des boisseaux d'or
" que celui-ci devra extraire annuellement du sang
" et des larmes du peuple à l'effet d'obtenir de
" nous, en remplissant nos coffres, l'édifiante
" prestation de foi et hommage que, en nobles
" et désintéressés féaux, nous ne refusons jamais

“ au suzerain le plus prompt et le plus apte à
“ nous la bien payer.”

Donc puisque le malaise de la France ne pro-
vient ni de la royauté, ni de la charte, mais qu'il
résulte au contraire de la violence faite à toutes
deux par les escamoteurs de la révolution de juillet,
c'est uniquement à détrôner ces profanateurs
égoïstes du principe de la souveraineté nationale
que doivent s'attacher tous les amis sincères de la
liberté.

Cette pensée, ma conscience me le dit, et la conscience ne trompe point, cette pensée est celle d'un
cœur qui ne se passionne que pour la justice et pour
l'humanité, c'est celle d'un cœur que l'amour de
la France met au-dessus de l'esprit de parti, et je
crois, Monsieur, vous prouver, en vous la dé-
diant, que ni le dommage, ni la douleur que je
ressens d'une offense non méritée, n'ont pu
ébranler la foi que j'ai dans votre patriotisme.

J'ai l'honneur d'être,

Monsieur,

Votre très humble serviteur,

P. P.

QU'EST-CE QUE LA LOI

DANS UNE MONARCHIE FONDÉE SUR LE PRINCIPE
DE LA SOUVERAINETÉ NATIONALE ?

ET

QUE DOIVENT FAIRE LES BONS CITOYENS

POUR EN ÉTABLIR LE RÉGNE DANS L'INTÉRÊT DE LA FRANCE
ET DU ROI DES FRANÇAIS ?

En octobre dernier, un écrivain que la célébrité de ses productions me dispense de nommer, adressa aux ministres cette question grosse de flétrissure et de mépris.

,, Direz-vous que l'existence de la royauté de ,, Louis-Philippe tient essentiellement à un régime ,, de concession et de vilité, que tout autre la ,, ferait mourir et qu'elle ne peut vivre que d'i- ,, gnominies ?''

Baillonnés par leurs actes les ministres d'alors

2

ni leurs successeurs n'ont pu répondre. Je viens à
leur défaut défendre la dynastie des barricades.

. Non, il n'est pas vrai que la royauté de Louis-
Philippe tienne essentiellement à un régime de
concession et de vilité ; non, il n'est pas vrai qu'elle
ne puisse vivre que d'ignominies. Jamais royauté
ne fut aussi heureusement placée pour porter la
France au zénith de la puissance, de la gloire, du
bonheur, de la liberté.

Si, comme l'a dit le publiciste énergique auquel
je réponds, le gouvernement d'aujourd'hui n'est
qu'une quasi-chose qui tient de tout et ne tient de
rien ; si le drapeau tricolore, jadis si glorieux, dont
la monarchie élective s'est parée, n'a assisté depuis
le 7 août qu'à des scènes de deuil et d'humiliation, qui semblent attester que l'on ait pris envers
les cours étrangères l'engagement de le dépouiller
de son ancienne gloire en le traînant au milieu
des désastres et des affronts ; si toutes nos expé-
ditions militaires n'aboutissent qu'à enrichir et à
fortifier nos ennemis ; si le sang de nos soldats
et l'or de nos budgets ne coulent que pour exécuter à nos dépens les décrets de la Sainte Alliance,
et pour développer la pensée si naïvement exprimée
à la tribune par le prince de la doctrine : " que les
révolutions coûtent et qu'il faut que le peuple
le sachent ;" si, insultant à notre sympathie pour la
Pologne, on a poussé l'ironie jusqu'à nous faire
célébrer à Paris le triomphe de cette nation héroïque, tandis que tout s'arrangeait en secret avec

le cabinet de Saint-Pétersbourg, pour que le calme de la mort entrât dans Varsovie, si nous n'avons accueilli les réfugiés libéraux de tous les pays que pour les humilier d'abord et les livrer plus-tard aux rois, quand ces derniers, d'accord entr'-eux sur le partage des peuples, régleront à loisir le nombre des têtes libérales destinées à la hache des bourreaux; si, par l'effet d'une politique atroce, notre brave garde nationale et notre intrépide armée, qui devraient être l'effroi des tyrans, ne sont que les instruments involontaires d'un despo-tisme hypocrite et sanglant; si, enfin, en présence de tant de maux, il est défendu à toute âme géné-reuse de s'indigner du deuil et de l'abaissement de la patrie, sous peine de ruine, d'emprisonne-ment, de déportation et de mort; toutes ces ca-lamités tiennent à l'incurie des ministres et non à la personne du roi.

En effet, écoutons ces empiristes politiques qui, au nom de la liberté, ont couvert la France d'humiliation, de misère, de désastres et de sang.

La liberté, disent-ils, consiste dans la faculté de faire tout ce qui n'est pas défendu par la loi, et dans l'obligation d'obéir à tout ce que la loi prescrit; nous faisons respecter la loi, donc nous agissons d'après les principes de la liberté.

Oh France! ô ma patrie! à quels hommes sont confiées tes destinées!

Oui, sans doute, la liberté doit obéir à la loi,

car elle en est la fille, mais dans une monarchie fondée sur le principe de la souveraineté nationale qu'est-ce que la loi ? Voilà, hommes de malheurs ! la question que vous auriez dû résoudre avant de couvrir d'un crêpe noir le trône d'un roi citoyen. Mais dans votre système quasi-national et quasi-légitime, système pestilentiel et hébêté dans lequel il entre de tout excepté de l'honneur et du bien, il fallait nécessairement, pour que la couronne de la branche cadette fût quasi-semblable à celle de la branche aînée, que vous la trempassiez dans le sang, il fallait qu'elle reçût pour baptême les pleurs de la France et les joies de l'étranger.

La loi, dans une monarchie émanée du principe de la souveraineté nationale et fondée sur une charte telle que la nôtre, est une décision prise collectivement par le roi, par la chambre des pairs, organisée d'après le principe de la souveraineté du peuple, et par la chambre des représentans de la nation élus par la majorité des citoyens.

Toute autre définition de la loi, depuis la charte du 7 aôut, ne saurait être qu'un outrage au bon sens ; car, partout où le peuple est souverain, il faut que le gouvernement, pour enjoindre l'obéissance aux citoyens au nom de la loi, puisse toujours leur dire : " S'il n'est pas certain que l'opinion à laquelle je vous ordonne de vous soumettre soit la meilleure, du moins c'est celle du plus grand nombre." Sans cet argument, qui

remplace dans une monarchie populaire le principe
de la légitimité par la grace de Dieu, sur lequel
reposent les monarchies absolues, les états con-
stitutionnels ne présentent que la plus lourde de
toutes les tyrannies. Le peuple n'y a pas même
la chance des rares instants de bonheur que l'ap-
parition des bons rois produit dans les états pure-
ment monarchiques : parce que le monarque, ne
pouvant marcher qu'avec le concours de deux
chambres essentiellement vénales et tyranniques,
n'est puissant que pour faire le mal et tombe dès
qu'il veut faire le bien.

Au sortir d'une révolution qui a proclamé la
souveraineté nationale et posé en principe que les
intérêts du plus grand nombre doivent l'emporter
sur ceux de la minorité, vouloir conférer à un
soixantième des citoyens majeurs des droits politiques que l'on dénie à tous les autres, c'est saper
la morale jusque dans ses derniers fondements,
c'est appeler au vu, au su de toute la nation, un petit
nombre de privilégiés à régner sur le corps social
en vertu de l'impudeur, du mensonge, de la trahison; c'est soulever contre le pouvoir l'indignation
et la haine, c'est entreprendre de gouverner per-
pétuellement par la violence, par la surprise, par
la corruption ; car chaque citoyen, sachant qu'on
l'opprime et qu'on l'opprime d'une manière d'autant
plus odieuse, que l'on n'a pour excuse ni le respect
des anciens usages, ni le préjugé, ni la conviction, chaque citoyen se roidit contre les décisions

des élus du privilège, et l'on ne peut faire exécuter ces décisions qu'en incarcérant, en corrompant, en tuant, en terrorisant sans cesse. Tel est le triste spectacle que nous donnent les ministres, tel est le triste système au moyen duquel le trône se ternit, s'ébranle, craque et menace de crouler à chaque instant.

Les hommes d'aveuglement qui nous gouvernent ne veulent point voir que repousser le peuple des collèges électoraux c'est priver la dynastie nouvelle de l'unique allié dont elle puisse recevoir un appui efficace et permanent ; ils ne veulent point voir que c'est la pousser vers l'abîme où ses ennemis l'attendent pour l'y précipiter ; ils ne veulent point voir que chaque heure, chaque minute, avançant le jour inévitable où la France refusera de payer le budget illégal qui alimente la caisse des fonds secrets, les bastilles, les bayonnettes et les canons, que l'on tourne sans cesse contre le pays, le roi, dépouillé de toute sympathie nationale par les méfaits de ses ministres, se trouvera à la merci du premier chef de parti qui lui dira : " ta charte, œuvre de constituents sans mandat, n'existe pas pour le peuple, descends du trône que tu as usurpé et réponds à la France des maux qu'elle a subis !"

Oui, ministres de désastres et de calamités, telle est la situation dans laquelle vous avez placé la dynastie d'Orléans, telle est la situation dans laquelle vous la condamnez à périr, si les bons citoyens ne vous contraignent à l'en retirer en cessant de mettre la nation hors la charte. Car, quoique cette charte ne soit point l'œuvre du peuple, le peuple l'adopte, parcequ'elle renferme la garantie de ses droits, mais il la veut telle que le Roi des Français a juré de la maintenir, il la veut avec toute l'efficacité de l'article 66 qui confie au patriotisme et au courage des gardes nationales et de tous les citoyens la table des libertés publiques ; article que, par une usurpation audacieuse, les quasi-légitimistes, et les quasi-nationaux ont supprimé, usurpation infernale qui, en conférant à quelques privilégiés seulement le titre d'électeur qui appartient à tous les citoyens, a fait d'une stipulation équitable et généreuse un instrument d'iniquité et de tyrannie.

Et que l'on ne nous dise point que nous donnons à l'article 66 une extension qu'il n'a pas. Les gardes nationales et tous les citoyens dont il invoque le patriotisme et le courage ne peuvent veiller au maintien de la charte qu'autant qu'ils sont admis dans les collèges électoraux ; car inviter les citoyens à défendre un ordre de choses qui les repousserait, ce serait inviter des esclaves à river leurs fers, ce serait inviter des martyrs à seconder leurs bourreaux et l'on ne procède pas ainsi dans un acte sérieux.

C'est cependant en interprétant la charte de cette manière burlesque, que, par un de ces efforts de déraison qui éclipsent tous les bobéches passés,

présents et futurs, nos grands hommes d'état en
sont venus jusqu'à dire :

„ La garde nationale est chargée de défendre la
„ charte contre les attaques des ministres, (car
„ notons bien que les ministres seuls peuvent mettre
„ la charte en danger) mais ces derniers auront la
„ faculté de dissoudre la garde nationale ; c'est-à-
„ dire, le peuple est souverain mais les ministres
„ ont le droit de le mettre à la porte."

Que si l'on nous objecte qu'il n'est parlé de la
composition de la chambre des députés qu'à l'article 30 et que, conséquemment, on ne peut invo-
quer à ce sujet l'article 66 ; nous répondrons que,
la charte ayant été rédigée par les députés d'une
fraction très légère de la nation, il est évident que
l'article 66 y a été introduit pour garantir à la
majorité absente l'inviolabilité de ses droits ; car,
comme nous l'avons dit plus haut, placer l'acte
constitutif sous la sauve garde du courage et du
patriotisme de tous les citoyens, c'est déclarer que
cet acte ne s'interprêtera jamais que dans le sens
de la souveraineté nationale ; c'est-à-dire d'après
le vœu régulièrement exprimé de la majorité de ces
mêmes citoyens.

Ainsi, quand nous lisons dans l'article 30 : " la
" chambre des députés sera composée des députés
" élus par les collèges électoraux, dont l'organisa-
" tion sera déterminée par des lois." Ces trois
derniers mots signifient : " par des décisions votées

" par les élus de la majorité des citoyens ;" attendu qu'en dehors de cette majorité, il n'y a ni charte, ni loi, il n'y a que des ordonnances aristocratico-royales.

Or, ce fut pour mettre fin au régime des ordonnances que le peuple de Paris fit retentir en juillet le cri glorieux et lugubre au bruit duquel disparut toute une famille de rois, " la charte, ou la mort !" malheur donc, malheur aux ministres qui force-raient la France à le répéter ! oui, malheur à eux ! l'histoire, l'inflexible histoire, à qui les intentions échappent et qui retient les faits, dirait que ces ministres, vrais Tartufes du libéralisme, se sont joués de la justice au nom de la liberté, comme le vil hypocrite que nous a peint Molière se jouait de la morale au nom de la religion.

Pour nous, qui les jugeons avec moins de sévé-rité, nous pensons simplement que la joie démé-surée de se voir nantis de porte-feuilles et de pou-voir disposer d'un énorme budget leur a troublé le cerveau jusqu'à leur faire oublier que, depuis les trois grands jours, la France n'est plus ce que Louis XVIII l'avait faite à son retour d'Hartwell, dans la dix-neuvième année de son règne incognito, et qu'ils la voient encore toute entière dans un petit nombre de privilégiés, pour qui la masse de la nation n'est qu'une simple matière taillable des-tinée à alimenter les caisses de l'état, afin que les dites caisses soient toujours assez bien remplies pour fournir amplement aux dons et aux faveurs qu'il plait aux représentants du privilège de s'administrer mutuellement avec l'approbation royale ; telle est, nous le croyons, l'aberration d'esprit que l'amour de l'or a produite sur les quasi-légitimistes et sur les quasi-nationaux ; car, quelle aberration ne peut produire sur des âmes si bien trempées le noble penchant qui fait chercher au vieil harpagon la troisième main de son valet !

Vainement répétera-t-on à ces illustres alliénés que l'œuvre du roi doctrinaire n'existe plus ; que les ci-devans privilégiés ont disparu avec la branche royale qui les avait créés ; que la France n'offre aujourd'hui qu'une grande réunion de citoyens égaux en devoirs et en droits ; toutes ces vérités ne rendront point la mémoire à nos malheureux gouvernants, il faut pour qu'elle leur revienne que l'or du budget cesse de passer par leurs mains, il faut que les places et les emplois se ferment pour eux et ne leur soient rouverts que lorsque leur intelligence sera devenue assez forte pour bien comprendre et pour ne plus oublier que la France ne veut autour du trône qu'elle a créé que des hommes qui sachent qu'il est scandaleux que l'on puisse encore répéter avec vérité, sous l'empire d'une charte que l'on dit émanée de la nation, ces paroles mémorables que l'abbé Siéyès écrivit il y a quarante ans : " que devrait être la nation ?—tout. Qu'est-elle ?—rien."

Oui, dix-huit mois se sont écoulés depuis que la France a vaincu ceux qu'elle croyait être ses derniers tyrans, et la nation, qui devrait être tout, la nation n'est rien ; car pour qu'elle soit quelque chose, il faut que le plus grand nombre de ses citoyens majeurs entre dans les collèges électoraux.

On argumentera vainement de la loyauté des chambres et du libéralisme des électeurs ; les électeurs et les élus sont hommes, l'égoïsme est inhérent au cœur humain ; ainsi, tant que les électeurs ne formeront pas l'immense majorité des Français, les chambres ne représenteront que des privilégiés dont elles chercheront constamment à accroître la fortune et l'influence au préjudice de la nation. Et si ces privilégiés sont au nombre de cent cinquante mille au lieu de quatre vingt dix mille, la nation n'en sera que plus malheureuse et plus opprimée ; parce qu'il en coûte plus de satisfaire à l'avidité des représentans de cent cinquante mille oppresseurs qu'à celle de quatre vingt dix mille.

On pense persuader au peuple qu'il n'y a plus d'aristocratie ; parce qu'on en a changé la forme et le nom. La naissance, lui dit-on, ne confère plus de droits, donc il n'y a plus de privilégiés. Mais le peuple ne voit dans ce raisonnement que de l'ignorance ou de l'hypocrisie, en effet, qu'on l'opprime en vertu de la naissance ou en vertu de l'argent, il n'en est pas moins opprimé ; nous dirons plus, il n'y a point de privilèges aussi désastreux que ceux qui naissent de l'argent. La politique qui les introduit dans un état, y forme une aristocratie qui unit la bassesse et l'avidité du traitant à l'orgueil et à la dépravation du noble ; et de cette horrible union naissent tous les genres d'avilissement, de misère et de tyrannie. C'est par elle que richesse signifie vertu, que pauvreté signifie vice ; c'est par elle que l'on parvient à mettre dans les mains d'un petit nombre d'hommes avides tout l'or et toutes les richesses territoriales d'un état, en lui déguisant les progrès de sa ruine au moyen d'une dette publique dont le capital ne se rembourse jamais, et dont l'intérêt ne peut se payer qu'autant que la nation consent à faire à ses oppresseurs le sacrifice perpétuel de sa liberté, de ses labeurs et de son sang. Non point d'aristocratie ! la charte, toute la charte, l'observation stricte de l'article 66 de la charte ; voilà ce que la France réclame et ce que l'on ne peut sans crime ou sans démence persister à lui refuser.

Oui, l'admission de la majorité des citoyens dans les collèges électoraux est la conséquence indéniable de l'article 66 ; oui cette admission est devenue en France le *sine qua non* de tout système légal ; et quand même il en serait autrement, elle est si équitable, si pleine de bons résultats, qu'il faudrait encore l'adopter.

Et en effet, de quelle raison peut-on s'appuyer pour mettre les destinées de trente trois millions de Français, à la merci de cent cinquante mille de leurs compatriotes ? de ce que ces derniers sont les plus vertueux ? non, ce sont les plus riches, conséquemment les plus corrompus ; l'expérience, la philosophie et le christianisme le décident ainsi. De ce que ce sont les plus instruits ? non, la nation renferme un très grand nombre de citoyens très éclairés qui ne sont pas admis dans les collèges électoraux. D'ailleurs l'ignorance et le savoir sont ici hors de question, car, outre que la condition du savoir entrainerait la nécessité de l'examen, qui, à son tour, amenerait la difficulté de s'entendre sur le choix des examinateurs, il est de notoriété publique, depuis que le gouvernement soit disant représentatif existe en France, que le vote des électeurs n'est pas le résultat de la connaissance personnelle qu'ils ont de leurs candidats ; or on en sait toujours assez pour pouvoir donner son vote au citoyen dont on n'apprend à connaître les principes que par la clameur publique, ou par la voix des journaux.

Mais la loi, disent nos adversaires, doit avoir pour objet le maintien de l'ordre ; pour le vouloir il faut y être intéressé ; cette condition manque au pauvre, donc le riche seul doit concourir à la formation de la loi.

C'est encore ici le cas de faire remarquer aux quasi-légitimistes et aux quasi-nationaux qu'ils se croient toujours les soutiens de ce qu'ils détruisent.

Oui, sans doute, la loi doit avoir pour objet le maintien de l'ordre ; car hors de l'ordre il n'y a ni famille, ni société, ni gouvernement, mais il faut savoir ce que c'est que l'ordre avant de se flatter d'en assurer le maintien.

L'ordre est l'arrangement, la disposition des choses mises en leur rang.

Dans les colonies où l'avarice du blanc assimile le noir à la bête de somme, l'ordre est parfait tant que l'esclave haletant et meurtri se courbe sans succomber sous le fouet de son bourreau.

Dans les gouvernments absolus, où un seul homme dispose du sort de tous, l'ordre règne aussi long-temps que l'on obéit à la volonté du despote.

Dans les oligarchies royales, c'est-à-dire partout où le pouvoir se partage entre un monarque et une ou plusieurs classes de privilégiés, la soumission aux décisions prises par les représentans de ces classes et sanctionnées par le monarque constitue l'ordre ; vu que, dans ces états, le peuple n'est en réalité qu'un grand corps de cerfs que ses très-hauts et très-puissants seigneurs trouvent plus commode, plus productif et plus sûr d'exploiter en commun que de se le partager et de l'attacher à la glèbe comme le faisaient leurs devanciers du moyen âge ; tout le progrès de la civilisation consistant dans ces états à bien comprendre qu'il est plus avantageux de s'assurer le fruit des labeurs du peuple sans compensation, que de s'imposer l'obligation de le nourrir pour prix de son travail.

Dans une monarchie populaire, où le roi relève de la nation, l'obéissance à la loi votée par les représentans de l'immense majorité des citoyens constitue l'ordre.

Or, depuis la révolution de Juillet la France appartenant à ce dernier genre de gouvernement, demander l'admission de tous les citoyens dans les colléges électoraux, c'est plaider la cause de l'ordre ; repousser au contraire cette admission, c'est lever l'étendard du désordre, de l'iniquité, de la spoliation. Oui de la spoliation ! et de la spoliation la plus inhumaine, la plus odieuse, la plus révoltante. Car dépouiller le peuple de ses droits politiques, c'est non-seulement le dépouiller de ses biens présents, mais c'est lui ôter pour toujours les moyens d'acquérir et de posséder honnêtement ; c'est le condamner à la faim et à l'esclavage, lui et sa postérité.

Au lieu de nous montrer sans cesse l'armée et la garde nationale prêtes à tirer sur le peuple s'il refuse de se courber sous le joug de l'oppression, que l'on veuille bien condescendre jusqu'à raisonner, et l'on verra que ce peuple, que l'on repousse comme ennemi de l'ordre, est plus intéressé à la tranquillité publique que ceux qui s'en proclament les soutiens à coups de canon, à coups de budgets et à coups de jugements illégaux. On verra que l'homme qui vit de son industrie quotidienne, ou du travail de ses bras, n'a ni l'esprit d'intrigue, ni l'amour des révolutions ; qu'il est content dès que, au prix de ses sueurs, il obtient pour lui et pour sa famille un asyle, du pain et des vêtements ;

que s'il se mutine et se révolte c'est contre la faim,
dont il ne cessera de sentir les horreurs que lorsqu'il entrera dans les colléges électoraux ; on verra
que, puisque c'est par les lois que la liberté et l'a-
bondance se répandent sur toute une nation ou
qu'elles se renferment dans un petit nombre de
familles, les hommes qui prétendent au droit ex-
clusif de concourir à la formation des lois, demandent la faculté de se gorger de biens de tout genre
au détriment de la nation, de vivre somptueuse-
ment sans travail, ou moyennant très-peu de
travail, d'accroître leur fortune au sein même de
la dissipation et des plaisirs, enfin d'être dispensés
de mérite et de vertu pour obtenir les honneurs
et les emplois ; et l'on conviendra qu'élever une
semblable prétention en présence d'un trône fondé
sur le principe de la souveraineté nationale, c'est
le comble de l'immoralité, de l'impudeur, et de la
corruption.

Depuis des siècles on s'enrichit des dépouilles
du peuple et, dès qu'il se plaint du brigandage organisé qui pèse sur lui, on crie à l'anarchie, à la
violation de la propriété. Hommes du despotisme !
oppresseurs du genre humain ! cessez enfin de ca-
lomnier le peuple ! il ne vous demande point la
restitution de vos longues et sanglantes rapines ;
il vous les abandonne, pourvu que désormais il ne
soit plus votre esclave. " Laisser à chacun les
fruits du passé et ne déshériter personne des fruits
de l'avenir." Voilà sa devise, vos richesses ne le

tentent point ; il vous l'a prouvé à Lyon comme à Paris : s'il les eût convoitées, elles seraient en ce moment dans ses mains ; car, au jour où la valeur donnait la victoire, ce peuple généreux, que vous calomniez aujourd'hui, n'aurait eu qu'à souffler sur vous et vous eussiez disparu comme la poussière qu'emportent les vents. Mais, à votre honte, il a planté l'étendard de la probité au milieu des combats, de la pénurie et de la confusion ; il est demeuré juste et humain à la vue de son sang et sous l'aiguillon de la faim. Tâchez de l'imiter, vous qui n'avez à surmonter pour être justes ni la crainte de la faim, ni le ressentiment de vos misères passées.

Après avoir repoussé le pauvre comme ennemi de l'ordre, on le repousse comme ne concourant pas aux charges de l'état.

Quoi ! le pauvre paie l'impôt sur le pain, sur la viande, sur le vin, sur le cidre, sur la bière, sur le sel, sur le bois, il le paie jusque sur les haillons qui le couvrent et sur la paille qui lui sert de grabat ; et vous prétendez qu'il ne concourt pas aux charges de l'état ! dites au contraire qu'il les porte toutes entières, et vous approcherez de la vérité ; car notre ordre social, qui ne devrait présenter qu'une surface unie, étant bâti en forme pyramidale, les derniers rangs en forment la base et c'est sur eux que l'édifice pèse de tout son poids.

Que ceux qui veulent se faire une juste idée de l'importance du peuple et de l'étendue de ses sacrifices jettent un regard sur l'armée et qu'ils nous disent dans quelle proportion les riches s'y trouvent ; ils s'y trouvent à peine dans la proportion d'un à cent et encore est-ce à eux que sont réservés les grades et les gros appointements. Cette dernière circonstance ne nous blesse point. Le commandement appartient au savoir, et puisque, grâce au vice de nos institutions, le riche seul a joui jusqu'à ce jour des avantages de l'éducation, il est juste qu'il commande. Mais, si le sang du peuple coule à torrents dès que le canon de l'ennemi gronde, il est juste aussi que quand l'urne électorale s'ouvre le peuple ait le droit d'y jeter son nom.

Abordons un autre argument du juste milieu. Le patriotisme, nous disent les matadors de ce parti, le patriotisme suit la fortune ; c'est par cette raison que nous plaçons exclusivement l'influence gouvernementale dans les mains des citoyens qui possèdent.

Un tel sophisme n'a pas besoin de réponse pour quiconque a lu et médité l'histoire, mais comme la plupart des lecteurs n'ont ni le tems, ni les moyens d'aller chercher dans de gros volumes la réfutation d'une erreur qu'il importe beaucoup aux amis du bien public de ne pas laisser accréditer, il est bon de citer ici quelques lignes d'un écrivain profond, qui apprendront aux riches à ne jamais argumenter de leur fortune pour prouver leur patriotisme.

Il s'agit d'expliquer pourquoi les colonies opulentes n'ont jamais opposé une résistance honorable aux attaques de l'ennemi.

,, Un peuple (dit l'auteur de l'histoire politique ,, et philosophique des deux Indes) un peuple dont ,, la fortune consiste dans des champs et dans une ,, modeste industrie défendra, s'il a de l'honneur, ,, ses possessions avec courage. Il ne hazarde ,, tout au plus que la récolte ou le travail d'une ,, année; un revers quelqu'il soit ne le ruine pas. ,, Il n'en est pas ainsi des cultivateurs des colonies. ,, Comme, en prenant les armes, ils risquent de ,, voir les travaux de toute leur vie détruits, ,, leurs esclaves enlevés, les espérances même de ,, leur postérité anéanties par le feu ou la dévasta- ,, tion, ils se soumettent toujours à l'ennemi. ,, Quand même ils sont contents du gouvernement ,, sous lequel ils vivent, ils sont toujours moins ,, attachés à sa gloire qu'à leurs richesses.''

Ajoutons à ce peu de lignes le souvenir de ce qui se passa en France lors des invasions de 1814 et de 1815, et que le riche se vante ensuite, s'il l'ose, de surpasser le peuple en patriotisme!

Quelques royalistes d'amour, qu'on pourrait appeler les Cottu de la branche cadette, veulent que l'on repousse le peuple à tout prix, parceque, suivant eux, son admission dans les colléges électoraux renverserait la dynastie de 1830.

Il faut avoir l'intelligence paralysée par l'or du budget pour supposer que la nation mise en possession de ses droits par un chef populaire pourrait songer à le sacrifier à l'ambition d'un prétendant qui n'aurait d'autre moyen de fasciner les citoyens que de leur promettre de ne point leur retirer les libertés dont ils seraient investis ; il faut avoir sur les yeux le bandeau ministériel pour ne point voir que, la royauté étant assise sur l'intérêt des masses, tout intriguant qui chercherait à ébranler le trône serait infailliblement reconnu pour l'agent de l'aristocratie ou de l'étranger. Les chambres mêmes, en supposant que les vrais représentants d'un peuple puissent songer à le tromper, les chambres, qui aujourd'hui peuvent changer de dynastie comme et quand il leur plaira, seraient impuissantes à renverser le trône de Juillet.

L'assertion des Cottu d'Orléans n'est donc qu'une insulte au bon sens national. Le peuple sent tous les avantages qu'il peut recueillir de son étroite union avec le chef qu'il s'est donné ; mais il le veut roi juste et puissant de trente-trois millions de Français, tel que l'article soixante-six de la charte nous l'a fait, et non chef inique et débile d'une misérable côterie, tel qu'on nous le représente dans le système rabougri des quasi-légitimistes et des quasi-nationaux.

D'autres apologistes du privilège veulent bien que le droit d'élection appartienne en principe à tous les citoyens, mais ils se hâtent d'ajouter que notre éducation constitutionnelle n'est pas assez avancée pour que l'on puisse nous faire jouir du bénéfice de ce principe sans ramener les désastres de quatre-vingt-treize. La France, au dire de ces singuliers partisans de la souveraineté du peuple, n'a pas encore les mœurs de la chose qu'elle s'est donnée.

Que M. de Châteaubriand préoccupé de l'attachement glorieux qu'il porte à la famille tombée (car il est aussi glorieux pour un royaliste légitimiste de rester fidèle à la légitimité quand elle succombe sous la quasi-légitimité, qu'il est héroïque et noble pour un patriote de rester fidèle au peuple quand ses faux amis le livrent et le frappent du lingot d'or au prix duquel ils l'ont vendu) que M. de Châteaubriand, dis-je, désireux d'empêcher les développements d'une révolution qu'il désapprouve, produise contr'elle un de ces arguments nébuleux qu'il a si bien définis, à propos de la neutralité de la Belgique, en les nommant non sens diplomatiques, balivernes importantes inventées par les hommes d'esprit pour duper les simples et faire l'admiration des sots, je le conçois ; mais, en conscience, je ne puis comprendre un tel argument dans la bouche des partisans de la révolution de Juillet.

Les mœurs d'un peuple consistent dans sa religion, dans sa manière de vivre, dans ses amusements, dans ses préjugés, dans ses lumières, dans sa conduite sur les champs de bataille, dans sa loyauté, ou dans son manque de foi tant à l'intérieur qu'à l'étranger, or, quel changement l'observation de la charte (je dis l'observation de la charte, car il n'y a plus de charte dès que le principe de la souveraineté nationale disparait, et ce principe disparait dès que la majorité des citoyens ne figure pas dans les collèges électoraux) quel changement, l'observation de la charte peut-elle apporter à tout cela ? aucun, je me trompe, elle doit en produire un, non pas dans les mœurs de la nation, mais dans celles de huit ou dix mille familles dégénérées, qui, corrompues par la surabondance de fortune qu'introduit constamment dans leur sein la funeste faculté de s'approprier le fruit des sueurs et du sang de leurs compatriotes, ont perdu les sentiments de franchise, de justice et d'humanité qui constituent notre caractère national ; l'observation de la charte éteindra progressivement dans ce petit nombre de Français l'égoïsme qui les rend sourds aux besoins et aux droits de la nation, elle en fera de bons citoyens, de vrais amis de la justice et de la liberté en les mettant à l'unisson des mœurs de la France, qui sont loin d'être incompatibles avec la révolution de 1830, puisque ce sont elles qui l'ont créée.

Que l'on ne s'y trompe point, la France ne s'est révolutionnée ni en haine de la branche aînée, ni par amour de la branche cadette. En brisant le trône de la première, elle a protesté contre un système de gouvernement dont toute l'habileté consistait à trouver à l'ouverture de chaque session des ministres qui eussent assez de tact pour distinguer parmi les représentans du privilège (qu'on appelait ironiquement comme aujourd'hui députés de la nation) ceux à qui l'on pouvait demander, sans qu'ils s'en-indignassent, à quel prix ils mettaient le vote dont on avait besoin pour faire subir au peuple les lois tyranniques et les budgets ruineux nécessaires au maintien de la splendeur et à l'accroissement de la fortune des corps privilégiés.

Ce serait donc pour continuer ce système et non pour l'abandonner qu'il faudrait changer les mœurs de la France ; ce serait donc pour asseoir la dynastie nouvelle sur le tronc pourri qui n'a pu porter même le petit-fils de Henri IV, qu'il faudrait couvrir la France de massacres et de ruines : car on ne change les mœurs d'une nation qu'en la plongeant dans le sang.

1793 dont on nous retrace si souvent les horreurs, tout en affectant de n'en pas voir la cause, n'est qu'une preuve effrayante de cette vérité. Il fut cruel, parceque, pour faire triompher les principes proclamés par 1789 et pour repousser l'étranger, il avait à vaincre un roi par la grace de Dieu, une noblesse héréditaire, un clergé riche et puissant, les préjugés d'une nation habituée depuis des siècles à considérer comme sacrés les privilèges et l'influence des trois pouvoirs qui l'opprimaient, enfin parcequ'il avait à reformer toutes les mœurs de l'esclavage.

Les quasi-légitimistes et les quasi-nationaux, si leur triste sort est de triompher, seront cent fois plus atroces, parceque, pour faire subir à la révolution de 1830 le mouvement de recul qu'ils veulent lui imprimer, il faut qu'ils étouffent dans toute la France le sentiment de l'honneur, de la justice, de l'humanité, il faut que faisant violence à toutes les convictions, ils implantent chez le peuple le plus franc et le plus généreux de la terre, le mensonge, l'égoisme, l'impudeur, la corruption ; et pour opérer ce chef-d'œuvre de perversité il faut . . . . . . .je détourne les yeux.

Un écrivain célèbre a dit : " l'or ne devient point ,, l'idole d'un peuple et la vertu ne tombe point ,, dans l'avilissement si le gouvernement ne pro- ,, voque cette corruption. Malheureusement il la ,, provoquera toujours, s'il est organisé de manière ,, que l'intérêt momentané d'un seul ou d'un petit ,, nombre puisse impunément prévaloir sur l'intérêt ,, commun et invariable de tous, il la provoquera ,, toujours si les dépositaires de l'autorité peuvent ,, en faire un usage arbitraire, se placer au-dessus ,, de toutes les règles de la justice, faire servir leur ,, puissance à la spoliation, et la spoliation à ,, prolonger les abus de leur puissance. Les bonnes ,, lois se maintiennent par les mœurs ; mais les ,, bonnes mœurs s'établissent par les bonnes lois. ,, Les hommes sont ce que le gouvernement les ,, fait, pour les modifier il est toujours armé d'une ,, force irrésistible, celle de l'opinion publique ; et ,, le gouvernement deviendra toujours corrupteur ,, quand par sa nature il sera corrompu. Voilà le

,, mot, les nations de l'Europe auront de bonnes
,, mœurs quand elles auront de bons gouverne-
,, ments.

Rejetons donc, avec le mépris que mérite tout ce qui est faux, l'argument ridicule que l'on tire de nos mœurs pour nous montrer le retour de 93 dans l'admission du peuple au droit d'élection.

La révolution de 89 et celle de 1830, quoique parfaitement identiques sous le rapport des principes, diffèrent essentiellement dans les moyens qu'elles avaient d'atteindre leur but. La première, entravée dans sa marche, devait être violente et cruelle ; la seconde, dégagée de tout obstacle, devait être généreuse et sublime ; elle ne pouvait reproduire les malheurs de la première qu'en tombant par surprise dans les mains de la démence ou de la trahison.

En effet, que trouvait 1830 à son avénement ?

Un roi par la grace de l'étranger, deux chambres et quatre-vingt-dix mille électeurs par la grace de ce roi, enfin trente deux millions huit cent mille Français indignés de l'avidité, de l'immoralité, de l'impudeur de douze à dix-huit cents citoyens qui changeaient à chaque instant de langage, de dénomination et de principes, pour se disputer, s'arracher ou se partager les dépouilles de la nation.

Or trois jours avaient suffi au peuple de Paris pour renverser le roi par la grace de l'étranger, ses deux chambres et ses quatre-vingt-dix mille électeurs octroyés. Il n'y avait plus en France que trente-trois millions de Français, à la tête desquels, par une heureuse fiction, on avait placé Louis-Philippe en vertu du principe de la souveraineté nationale. Le roi tombé avait traversé le royaume pour se rendre à l'étranger sans qu'il se fût élevé sur son passage une seule expression de regret ; point de dissention, point de guerre civile ; obéissance partout ; la révolution était complète. Elle avait fait du peuple français un peuple tout uni, une grande réunion d'hommes libres, tous appelés à travailler à la prospérité, à la félicité commune.

Le pouvoir exécutif héréditaire garantissait la force, la durée ; la loi votée par la nation garantissait l'égalité politique, par conséquent la liberté, la justice et tous les biens qui en découlent. Ainsi plus de sang à verser, plus d'oppression à craindre, plus de moyens de ruiner et d'affamer le peuple. Nous allions, comme l'Amérique, ignorer les guerres civiles,* la tyrannie, la dilapidation des deniers publics, la misère et la famine. Il ne s'agissait, pour obtenir ce beau résultat, que de mettre en action le principe de la souveraineté nationale que l'on venait de proclamer, cela pouvait se faire : en convoquant les assemblées primaires.

Ou bien encore en appelant dans les collèges électoraux tous les citoyens majeurs.

---

* On ne peut appeler guerres civiles quelques troubles passagers dont la gravité ne dépasse jamais celle de nos plus simples émeutes.

Le premier de ces deux moyens, remettant en question le choix du chef de l'état, présentait aux ambitions de l'intérieur et surtout aux vues peu-plicides de la sainte alliance l'occasion la plus favorable qui pût leur être offerte pour fomenter la guerre civile et faciliter l'invasion de la France ; il eut été peu prudent de l'adopter.

Le second avait tous les avantages du premier sans aucun de ses inconvéniens. Il mettait en action le principe de la souveraineté nationale sans secousse et sans trouble ; attendu que, personne n'ignorant aujourd'hui que les libertés d'un peuple résident dans ses institutions et non dans le caractère de son chef, les plaintes de tous les partis se seraient brisées contre cette simple réponse : " Vous êtes admis comme nous à concourir à la formation des lois." Le nom de patriote n'aurait plus été un nom équivoque, que les ambitieux et les intriguants eussent pu profaner en l'usurpant ; il eut été clair aux yeux de tout le monde que celui-là seul était patriote qui ne demandait rien pour lui qu'il n'accordât à ses concitoyens.

Nos sauveurs ont trouvé cela trop simple ; ils se sont mis à l'œuvre, et soudain cette nation de frères s'est divisée en vingt camps ennemis. On a fait des Bonapartistes, des Républicains, des Carlistes ; des amis de l'ordre, c'est-à-dire des oppresseurs ; des ennemis de l'ordre, c'est-à-dire des opprimés ; Enfin l'inimitié, la haine, l'anarchie se sont multipliées sous toutes les formes. Et cependant les quasi-légitimistes et les quasi-nationaux se caressent le menton, se complimentent à la tribune, et nous répètent à chaque désastre : tout va bien. Il est vrai que la sainte alliance n'aurait pas mieux fait.

Si l'on reproche aux membres du cabinet les malheurs de Paris et de Lyon, ils les imputent à la perversité de la nation, et, reculant les bornes de l'impudeur jusqu'à l'inouï, ils ajoutent que la canonade, le bombardement, les assassinats, le pillage, les égorgements et le terrorisme des lois prouvent l'excellence de leur système et la profondeur des racines qu'il a déjà poussées dans le pays !

Si l'on se plaint de la misère produite par l'énormité de l'impôt, l'homme du parceque et l'homme du quoique, toujours d'accord lorsqu'il s'agit de demander de l'argent, nous assurent que l'unique moyen de donner de l'aisance aux masses c'est de voter un énorme budjet, afin que les employés du gouvernement puissent occuper le peuple à dorer leurs habits. Et pour que l'argument soit sans réplique, ils nous citent l'exemple de Napoléon qui alimentait le commerce en dorant sur toutes les coutures l'uniforme de ses sénateurs et de ses généraux.

Oh comble de ridicule et de déraison ! des hommes qui n'ont appelé sur la France que des malheurs et de la honte osent assimiler leur politique à celle d'un héros qui nous a couvert de gloire et de trophées pendant vingt ans! Oublient-ils donc ces orateurs qui insultent à la raison publique, que l'or que le géant du monde répandait sur les fils de la victoire sortait des coffres de l'ennemi? tandis que la quasi-légitimité et la quasi-nationalité ne dévorent pas un écu qui ne soit arrosé des larmes et des sueurs du peuple français. Tout ce qui se dépensait au tems du grand homme avait pour objet le bien-être, et surtout l'honneur de la nation. C'était à Maringo, à Austerlitz, à Wagram, etc., que se distribuaient les croix et les cordons ; aujourd'hui c'est à Lyon, c'est à Grenoble, c'est à Paris sur les membres épars et palpitants des citoyens surpris et mitraillés !

Soldats que le peuple nourrit, employés dont il paie les salaires, citoyens de tout état et de tout rang voulez-vous entrer dans la légion d'honneur? Voulez-vous que les libéralités du gouvernement pleuvent sur vous ? Tirez sur le peuple au nom du despotisme de la loi ! Vous aurez bien mérité du ministère ; vous aurez rempli un devoir d'autant plus glorieux qu'il est plus pénible ; si vous aviez vaincu l'ennemi ce serait une victoire vulgaire, mais tirer sur le peuple ! c'est la gloire par excellence, c'est la victoire du despotisme de la loi, on ne saurait la payer trop cher ni la chanter trop haut.

Et ce sont des hommes qui professent ces principes abominables qui disposent des forces et de l'argent de la France ! ah ! retirez-vous hommes de malheur : vos paroles et vos actions font horreur à tous les cœurs français. Quoi ! vous entreprenez de diriger les affaires d'un grand peuple et vous ne savez pas que quand la patrie se déchire ou s'empute, quelle qu'en soit la raison, c'est une calamité publique et qu'il n'est permis à personne de s'en réjouir ni de s'en glorifier ! ah retirez-vous ! tout ce que vous touchez se flétrit et se corrompt. Le signe de l'honneur, qui ne devait éveiller que des idées chères et glorieuses, est devenu, grace à vous, une décoration équivoque, que l'on n'osera plus contempler désormais sur la poitrine d'un Français sans craindre d'y voir le sang d'un ami, d'un frère, d'un fils ou d'un père. Je vous le prédis, le jour n'est pas loin où quand vous l'offrirez ce signe autrefois vénéré on le repoussera avec indignation. " Gardez votre présent, vous dira tout bon citoyen, je ne veux porter sur mon sein aucun signe qui rappelle à mes compatriotes le souvenir d'un malheur." Ainsi, vous avez déshérité la gloire ; jamais Decases, jamais de Vilelle, jamais Polignac et ses collègues ne descendirent si bas. Vous êtes les fléaux de la patrie, vous l'avez ensanglantée, divisée, appauvrie, humiliée, et vous osez nous en donner pour excuse la crainte du retour de 93 !

1793 est mort pour toujours, du moins tous les bons citoyens l'espèrent ; mais s'il renaissait, ce serait vous, vous seuls qui l'auriez ressuscité. Ne nous parlez plus de cette terrible époque ; la peur et l'ambition vous en donnent tous les vices sans vous permettre d'en avoir les vertus. Votre système est tel que, si votre triste sort est de le faire triompher, les noms de Robespierre et de Marat se réhabiliteront auprès des vôtres; car ces hommes d'effroyable mémoire agissaient du moins d'après un sentiment de conviction ; on ne peut les accuser d'avoir désolé la patrie pour s'enrichir de ses dépouilles, ni d'avoir renversé les hommes du privilège pour s'en arroger les fruits et le faire revivre en eux : tous deux moururent pauvres au moment de leur plus grande influence, et si l'on vit sur leur carmagnole toute l'horreur qu'inspire le sang, on ne trouva point dans leurs poches les trésors de la bassesse, du mensonge et de la trahison ; trésors qui attestent dans celui qui les possède le dernier degré de la corruption.

La cause de la répugnance invincible des quasi-légitimistes et des quasi-nationaux pour le suffrage de la majorité des citoyens n'est donc ni dans la crainte du retour de 1793, ni dans aucune des raisons que nous venons de réfuter ; elle se trouve dans la persuasion où sont les hommes influents de ces deux partis que, s'il existait une véritable représentation nationale, on n'entendrait plus au palais-Bourbon les arguments dérisoires qui en dégradent aujourd'hui la tribune. Car si, pour repousser une proposition tendant à réintégrer le peuple dans ses droits, certain baron calculateur

s'écriait avec une indignation burlesque : '' On
,, nous parle toujours de l'égalité des droits, nous
,, réclamons celle des dénominations ; et lorsqu'on
,, nous parle du peuple nous demandons qu'on en
,, parle sans division !'' Au lieu d'un tonnerre
d'applaudissements, l'exclamation du savant chif-
freur n'amènerait que cette réponse :

M. le baron, de même que vous ne pouvez en
algébre employer le même signe pour exprimer
plus que pour exprimer moins ; ainsi en politique,
puisque vous divisez le corps social en deux classes
dont l'une possède tout et l'autre rien, il vous faut
nécessairement deux noms pour les distinguer ;
donc, M. le baron, si vous voulez obtenir l'égalité des dénominations, renoncez à l'inégalité des
droits.

Et quand, succédant à l'infatigable calculateur,
un orateur pathétique qui dans ses tendres élans
pour la cassette royale, a fait plus d'une fois sortir
de la phalange des ventrus des votes de millions
entrecoupés de nausées et de sanglots, viendrait
répéter à la chambre que la dignité, la grandeur
et l'humanité de la nation exigent que ses représentants accordent beaucoup de millions à son roi,
parceque, autrement, si quelque vétéran se présentait à la porte des Tuileries pour implorer la
générosité de Louis-Philippe, il faudrait que ce
bon prince (qui comme chacun sait manque de
patrimoine) le renvoyât sans l'avoir secouru ; on
répliquerait à l'orateur sentimental.

D'honneur, M. le ministre, votre vétéran est bien
trouvé. L'exemple est heureux et prouve que vous
avez bon cœur ; oui, il serait triste de voir le roi
d'une grande nation hors d'état d'assister un vieux
guerrier qui viendrait l'implorer contre la faim,
après avoir versé son sang pour la patrie ; toute
la France en convient avec vous ; mais convenez
aussi qu'il faudrait que les ministres de ce roi
fussent bien peu clairvoyants pour ne pas aperce-
voir que chez une nation bien gouvernée, dont
les ressources ne sont pas la proie de l'avarice et
de l'ambition des courtisans, les défenseurs de la
patrie ne se trouvent jamais réduits à l'état de
mendiant ; et comme, sans nul doute, M. le ministre désire que la France soit bien gouvernée,
il sentira l'inutilité de demander pour la couronne
de quoi soulager des infortunes dont l'existence
seule attesterait la turpitude du gouvernement.

Que si d'autres amateurs de grosses listes
civiles et de gros budgets argumentaient des avantages du luxe pour maintenir le cumul et les gros
traitemens, on leur répondrait :

Nous ne blamons point le luxe, nous désirons
au contraire qu'il se répande sur toute la nation,
parceque, alors, il attestera l'aisance, la liberté,
le bonheur général ; mais nous repoussons de
toutes nos forces la politique étroite et barbare qui
tend à le renfermer dans un petit nombre de familles dont l'opulence ne se fonde que sur la misère
et l'esclavage de trente-deux millions de citoyens.

Vous paraissez croire que les grandes fortunes seules peuvent alimenter le commerce et procurer du travail à la classe ouvrière ; c'est une erreur lamentable, née de la trop haute opinion que le riche est naturellement enclin à concevoir de lui-même. Il importe peu au fabricant, au marchand, au cultivateur, à l'ouvrier que l'argent qu'ils reçoivent viennent de l'opulence ou de la médiocrité : l'écu musqué qui sort de la bourse dorée du millionnaire, ne procure pas un meilleur diner que celui qui sort de la bourse de peau un peu grasse du laboureur et de l'artisan, et quand la bourse de ces derniers est à moitié pleine il en sort mille fois plus de commerce et de prospérité pour le corps social, que de la bourse de tous les millionnaires ensemble quelque généreux et quelque prodigues qu'ils soient.

Il vous suffira d'un moment d'attention pour vous convaincre de cette vérité.

Le luxe, dites-vous, est fils de la richesse et de la civilisation, il est surtout l'âme des monarchies ; les jeunes états et les gouvernements populaires le repoussent.

Cela posé et la France étant à la fois riche, monarchique et civilisée, il doit en résulter qu'elle possède infiniment plus de luxe que les États Unis d'Amérique. Examinons.

Si nous nous présentons aux Tuileries, si nous visitons nos ministres, nos hauts fonctionnaires de tout genre, nos grands propriétaires, nos banquiers, nos négocians, nos fabriquants du premier ordre et du second, en un mot, si nous choisissons sur trente trois millions d'âmes qui couvrent la France les huit mille familles les plus riches pour les comparer aux huit mille familles les plus opulentes des Etats Unis, le luxe de la France nous paraîtra en effet supérieur à celui de l'Amérique ;* mais, si nous comparons ensuite ce qui reste des deux nations, nous trouverons que les Américains nagent dans l'abondance et le luxe tandis que la France lutte contre la détresse et le besoin.

Dans les Etats Unis point de pauvres, point de ces squelettes ambulants que nous rencontrons à chaque pas ; point de ces lambeaux enduits d'une boue noire et épaisse qui couvrent à peine la nudité des malheureux qui les portent, lambeaux si hideux, que nous répugnerions à en faire la litière même de nos animaux immondes ; point de ces êtres mourants qui, à chaque coin de rue, nous attendent pour demander du pain, et dont nos regards attristés se détournent dans l'impuissance où nous sommes d'apaiser leur faim, tandis que les familles opulentes, enfoncées dans de brillants équipages, passent rapidement et ne leur envoient que de la boue ; point de ces réduits étroits et malsains que l'on ne peut aborder sans franchir un monceau d'ordures, et qui ne renferment pour tout meuble qu'une poignée

* Ce jugement porté par l'auteur dès 1831 est confirmé aujourd'hui par les écrits de Messieurs de Tocqueville et Michel Chevalier.

4*

de paille sale et humide sur laquelle viennent s'étendre à la fin du jour des millions de malheureux, exténués de froid, de fatigue et de faim.

Au lieu de cela, on ne rencontre en Amérique qu'une population bien nourrie, bien vêtue, on ne rencontre que des citoyens qui trouvent l'abondance et le bonheur au prix d'un travail modéré. Le littérateur, l'artiste, l'érudit, ces trois classes d'hommes, à la prospérité desquelles on croit que l'aristocratie est indispensable, sont mieux rétribuées de l'autre côté de l'Atlantique qu'en aucune autre partie du monde.

Cependant dans ce pays si prospère le chef du pouvoir exécutif ne reçoit qu'une rétribution annuelle de cent mille francs, et toutes les charges publiques ne s'élèvent qu'à cent trente millions de francs, dont on prélève la moitié pour éteindre la dette publique qui n'existera plus dans deux ans. Il n'est donc pas vrai que le commerce et le luxe soient le résultat des grosses listes civiles et des gros budgets, ainsi que les hommes qui se ruent sur les trésors de la France voudraient pouvoir nous le persuader.

Si vos orateurs n'avaient point fermé les yeux sur ces faits, ils auraient vu que la parure des sénateurs et des généraux de Napoléon, loin d'être la source de notre prospérité n'en était que le résultat; ils auraient vu que, sous l'homme prodigieux dont l'œil embrassait le monde, nos villes manufacturières se sont maintenues, malgré la suspension de nos relations commerciales avec l'étranger, parceque tous les petits industriels avaient alors dos de velours et ventre de froment, parceque, d'un bout de la France à l'autre, les femmes et les filles de nos villageois dansaient tous les dimanches sur la grande place en tablier de mousseline et en robe de soie.

Le gouvernement d'aujourd'hui a l'enjambée trop courte pour régler sa marche sur celle de Napoléon ; qu'il adopte donc celle des Etats Unis ; elle est moins brillante, mais elle plus sûre ; en un mot, l'économie dans l'administration et la juste répartition de l'impôt assurent le bonheur des nations, les grosses listes civiles et les gros budgets ruinent les peuples pour enrichir les rois et leurs courtisans ; or, vous parlez aujourd'hui devant les députés d'un peuple libre, épargnez-vous la peine de répéter des sophismes qui n'ont pu recevoir les honneurs de la vérité que dans des assemblées élues par le privilège.

On sent que l'oreille des quasi-légitimistes et des quasi-nationaux s'habituerait difficilement à ce langage, car il faut aux hommes de ces deux opinions des discours analogues à la dorure de leurs habits, delà viennent tous les efforts qu'ils mettent à repousser le peuple, tantôt en ridiculisant son admission dans les collèges électoraux, tantôt en la représentant comme le prélude de la mort et de la dévastation.

Encore si c'était du sein du calme et de la prospérité, si c'était du sein d'un gouvernement régulier que l'on repoussât les justes réclamations du peuple ; mais non, c'est du haut d'un autel de cadavres, c'est au bruit des fers trainés par le pauvre et par le faible que l'on martyrise (car on n'ose s'attaquer aux riches et aux puissants) c'est au bruit des sanglots de la veuve et de l'orphelin, c'est le pied sur le code et sur la charte que les quasi-légitimistes et les quasi-nationaux se proclament les défenseurs de l'ordre et de la loi !

Silence donc, calomniateurs du peuple ! ses mœurs valent mieux que les vôtres : il est vertueux, parcequ'il travaille, il est compatissant et humain, parcequ'il est pauvre ; il est généreux, parcequ'il est fort ; enfin il est juste, parceque ni l'ambition ni la mollesse ne lui font un besoin de l'iniquité et de l'oppression. Ouvrez-lui vos rangs, ou plutôt entrez dans les siens et tous vos embarras, tous vos crimes cesseront ; lui seul peut vous défendre de vous-mêmes, lui seul dans la position critique où vous vous êtes placés peut vous empêcher de vous entre-détruire ; lui seul peut opposer une digue insurmontable aux flots de la haine et de la malveillance que vous avez soulevés tant à l'intérieur qu'à l'étranger.

Dès que le peuple entrera dans les collèges électoraux tout désordre, toute révolution sera impossible.

1°. Parceque la nation en obéissant, au gouvernement, saura qu'elle obéit à sa propre loi.

2°. Parceque, s'il arrive que la loi soit mauvaise, les citoyens, possédant le moyen de la faire abroger dans un tems donné, en supporteront patiemment les inconvéniens momentanés.

3°. Parceque, la représentation nationale étant toujours en mesure de punir l'autorité infidèle à la loi, nul ministre n'osera prévariquer.

4°. Parceque la force numérique des citoyens, appuyée des moyens d'action mis à la disposition du pouvoir exécutif, assurera toujours la suppression prompte et légale de la révolte partout où elle se montrera.

Ce qui se passe en Amérique depuis plus d'un demi-siècle confirme cette vérité au grand regret de maints et maints soi-disant libéraux, à qui nous conseillons d'abandonner dès-à-présent l'espoir chimérique de voir périr par la discorde et par les intrigues des cours de l'Europe le gouvernement modèle qui, depuis cinquante ans, offre à l'univers le spectacle de l'égalité, de la liberté, du bonheur et de la prospérité : car, comme l'ont dit en soupirant les rédacteurs de certains journaux, le moment de la chute de ce gouvernement n'est pas encore venu. Non, il n'est pas encore venu ! des siècles et des siècles de vie sont réservés à cet heureux gouvernement. La légitimité, la quasi-légitimité, la doctrine, le juste-milieu ne seront déjà plus que de l'histoire ancienne dans les annales du genre humain, que cependant l'heure fatale au système de Washington, sera encore loin, bien loin de frapper sur la pendule du tems !

Ayons foi dans les prophéties de la liberté ! il y a quelque soixante ans qu'un des braves enfans de l'Amérique, pressant ces concitoyens de briser leurs fers, prononça ces paroles mémorables :

„ Citoyens, emparons-nous d'un moment uni-
„ que pour nous. Il est en notre pouvoir de for-
„ mer la plus belle constitution qu'il y ait parmi
„ les hommes. Vous avez lu dans vos livres
„ sacrés l'histoire du genre humain enséveli sous
„ une inondation générale du globe. Une seule
„ famille survécut et fut chargée par l'Etre suprême
„ de renouveler la terre. Nous sommes cette
„ famille. Le despotisme a tout inondé, et nous
„ pouvons renouveler le monde une seconde fois.

„ Nous allons dans ce moment, décider du sort
„ d'une race d'hommes plus nombreuse peut-être
„ que tous les peuples de l'Europe ensemble. At-
„ tendrons-nous que nous soyons la proie d'un
„ conquérant et que l'espérance de l'univers soit
„ détruite ? Imaginons-nous que toutes les géné-
„ rations du monde à venir ont dans ce moment
„ les yeux fixés sur nous et nous demandent la
„ liberté ! Nous allons fixer leur destin, si nous
„ les trahissons, un jour elles se promèneront avec
„ leurs fers sur nos tombeaux et les chargeront
„ peut-être d'imprécations.''

La famille à laquelle s'adressait ce vertueux Américain a renouvelé le monde de la liberté dans l'autre hémisphère. Français ! c'est à vous qu'il appartient de le renouveler en Europe. N'atten-dez pas que les quasi-légitimistes et les quasi-nationaux, auxiliaires involontaires mais réels de la restauration, peut-être même de l'étranger, vous aient ensevelis pour la troisième fois sous les flots de la tyrannie ! brisez la barrière qui vous ferme l'entrée des collèges électoraux ! hâtez-vous ! cette barrière n'est encore que d'argile, plus tard elle pourrait être d'airain. La situation est difficile, je le sais ; je sais que les renégats et les impudiques qui ont trahi la nation, travaillent sans relâche à la fasciner, à l'effrayer, à la démoraliser ; je sais qu'ils sèment la corruption à pleines mains sur le corps social dans l'espoir de le gangrener ; mais grâce au dieu de l'univers, que ces athées outragent en s'efforçant de dégrader l'humanité, le peuple est un corps pur et sain sur lequel la gangrène ne prend pas. Que ses vrais amis continuent de l'éclairer, qu'ils le guident, qu'ils l'encouragent et sa cause, qui est celle de la civilisation, sa cause triomphera !

La charte, toute mutilée que les quasi-légitimistes et les quasi-nationaux nous l'ont faite, n'est pas encore anéantie ; eh bien ! tant que les fourbes qui la torturent n'iront point jusqu'à la supprimer, les droits qu'elle a proclamés pourront être recouvrés sans violence. Au nombre de ces droits est celui de pétitionner ; que des pétitions conçues en termes français, c'est-à-dire en termes dignes et fermes, soient donc déposées sur toute l'étendue de la France chez les patriotes les plus distingués, pour y recevoir les signatures des Français îlotes et celles des privilégiés à qui il répugne de traiter leurs compatriotes en esclaves ; que ces pétitions revêtues du sceau de la volonté publique soient présentées à la chambre, et si alors, par un aveuglement fatal, la majorité des représentants du privilège persiste à repousser la nation, que tous les députés patriotes déclarent qu'ils ne peuvent s'associer plus long-tems aux travaux d'une assemblée qui foule aux pieds l'esprit et la lettre de la charte ; qu'ils déclarent qu'ils ne siègeront désormais à la chambre que pour y protester, à chaque décision prise par l'assemblée, contre la violation des droits du peuple, et l'illégalité du budget.

Alors il arrivera de deux choses l'une : ou la chambre, reculant devant le péril d'une plus longue iniquité, se rendra aux vœux de la France ; ou bien, persévérant dans le mal, elle votera le budget au mépris de tout principe de droit public.

Dans le premier cas, un ministère réparateur préparera immédiatement un mode d'élection conforme au principe de la souveraineté nationale, et tout rentrera dans la justice et dans la bonne harmonie qui font la force et la prospérité des états.

Dans le second, la protestation des députés fidèles à la charte sera suivie du refus de l'impôt par tous les contribuables non-représentés et par tous les électeurs qui ne voudront point se rendre complices de l'oppression ; le chef du pouvoir exécutif, reconnaîtra tout ce qu'il y a de petit et de vicieux dans le système des quasi-légitimistes et des quasi-nationaux, et, restaurant la révolution de Juillet, il fera à tous les citoyens l'appel suivant :

,, Français, les députés qui, en 1830, m'ont ,, offert la couronne en votre nom, auraient dû se ,, retirer après avoir reçu mon acceptation et mes ,, serments, ou du moins ils auraient dû se borner ,, à régler provisoirement avec moi la manière dont ,, vous procéderiez à la nomination de vos pre- ,, miers représentants. Au lieu de cela, ils ont ,, fait un excès de pouvoir en plaçant vos droits ,, et ceux de la couronne dans la dépendance d'un ,, petit nombre de privilégiés, au moyen d'un ,, mode d'élection qui n'admet dans les collèges ,, électoraux que la 60ème partie des citoyens ma- ,, jeurs. Si cette usurpation déplorable se pro- ,, longeait plus long-tems, elle compromettrait ,, non-seulement le repos et la prospérité de la ,, France, mais même sa nationalité. En consé- ,, quence votre roi, gardien du principe de la sou- ,, veraineté nationale, dont il est né et en dehors ,, duquel son pouvoir n'existe pas, dissout les as- ,, semblées inconstitutionnelles qui ont siégé jus- ,, qu'à ce jour sous les titres inexacts de chambre ,, des pairs et de chambre des députés de la na- ,, tion ; et il invite tous les citoyens majeurs, ,, jouissant des droits civils et ayant un domicile ,, connu, à se réunir dans les collèges électoraux, ,, aux jours, lieux, etc. pour procéder à l'élection de ,, leurs représentants.''

Il me semble déjà entendre les quasi-légitimistes, les quasi-nationaux, les légitimistes mêmes, qui cette fois n'adhéreront plus au suffrage universel, s'écrier tous à la fois que cette mesure serait un coup d'état, que ce serait la répétition des ordonnances du 26 juillet. Mais l'exclamation de ces messieurs porte à faux.

Sous la charte de Louis XVIII, on appelait avec raison coup d'état tout acte de la couronne qui dépouillait l'une ou l'autre des deux chambres des droits que le monarque leur avait octroyés, parceque, comme nous l'avons fait remarquer plus haut, la nation résidait alors dans la pairie et dans la représentation des quatre-vingt-dix mille Français privilégiés ; mais, sous la charte née de la souveraineté du peuple, on ne peut appeler coup d'état que les actes du pouvoir exécutif qui violent les droits de la majorité des citoyens ; car c'est dans cette majorité que réside la nation. Or la mesure que nous provoquons, loin de porter atteinte aux droits de la majorité des citoyens les met à l'abri des attaques de l'ambition et des pièges de l'aristocratie : ce n'est donc pas un coup d'état ; c'est un coup d'équité ; c'est la répudiation solennelle de la tyrannie ; c'est un acte qui donne à la couronne le triple sacre de la force, de la justice et de la nationalité.

Quoi ! Louis XIV, entrant au parlement en bottes et la cravache à la main, put annuler impunément dans l'intérêt du despotisme et de la royauté une assemblée antique composée de magistrats populaires et respectés ; quoi ! Napoléon, agissant dans l'intérêt de la dictature et de son ambition, put faire sauter par les croisées les membres de l'assemblée de Saint-Cloud, et le roi des Français, agissant dans l'intérêt du peuple et de la liberté, ne pourrait casser deux chambres aristocratiques nées de hier et qui déjà se meurent de ridicule et d'impopularité ? Quelle dérision !

Mais, m'objectera-t-on encore, (car que n'objectent pas les tyrans quand on les somme de lâcher leur proie ?) si nous admettons l'irrégularité des législatures qui ont suivi la création du trône du 7 août, nous annulons tous les actes, tous les travaux de ces législatures et c'est nous replonger dans le désordre et le cahos.

Français ! l'histoire du monde nous apprend que les lois, les décisions, les ordonnances, les décrets de tout pouvoir de fait ou de droit subsistent jusqu'à ce qu'ils soient abrogés ou remplacés par les actes d'un autre pouvoir de fait ou de droit : par conséquent le désordre et le cahos ne sont que dans l'esprit des hommes de mauvaise foi qui les allèguent à propos d'un mode équitable d'élection. Rejetez donc encore avec dédain cette dernière assertion ; marchez à la liberté d'un pas ferme, par la voie droite et large de la justice, par la voie de la charte même, dont on ose se prévaloir pour vous opprimer ! Songez que le monde a les yeux fixés sur vous, et que si, dans le combat qui va se livrer entrer les défenseurs de l'égalité politique et les champions du privilège, vous reconnaissiez la légalité d'un vote qui mettrait les trésors de la nation dans les mains de ses ennemis, l'Europe en deuil vous reprocherait d'avoir sanctionné par votre silence les funérailles de la liberté ; songez que chaque coup de canon, chaque coup de fusil qui coucherait plus tard un citoyen dans la poussière, porterait le remords dans votre âme, en vous rappelant que le coup ne serait point parti, si vous eussiez résisté à l'illégalité du vote qui devait mettre l'or de la France dans les mains peuplicides qui s'apprêtaient à la faire mitrailler !

Il dépend de vous de faire cheminer la dynastie des barricades vers un avenir prospère et glorieux, en dépit des ministres aveugles qui s'acharnent à la perdre ; il dépend de vous de jouir, avant six mois, sous une présidence royale élue par vous, de la liberté que M. de Châteaubriand ne vous fait entrevoir que dans le lointain et comme venant de la légitimité qui voudra bien abaisser ce qu'elle a de trop haut ; c'est-à-dire, comme venant de la main qui ne peut vous la donner : car la liberté qui vient quand la royauté s'abaisse, court grand risque de s'en aller quand la royauté se relèvera.

Pétitionnez donc Français ! que la restitution de vos droits soit la condition absolue de l'acquittement de l'impôt, et vous verrez un système de gloire, d'honneur, de prospérité, de liberté s'élever comme par enchantement, à la place d'un système de tyrannie, d'ordure, de misère et de sang. Tous les Français, réunis autour d'un pieux catafalque, donneront aux mânes de leurs compatriotes morts dans des combats à jamais déplorables le spectacle consolant d'un traité de réconciliation signé sur leur mausolée ; et de ce traité fraternel datera pour la France une ère de gloire et de félicité. L'étendard tricolore, qui ne mentira plus, révélera notre grandeur à l'univers par cette simple inscription : " Justice, humanité, liberté." Tous les peuples, aujourd'hui abattus de notre abattement, se relèveront avec vous et regarderont en face leur tyrans. La Pologne, la Belgique, la Suisse, l'Allemagne, la Grèce, l'Espagne, le Portugal, en un mot toutes les nations déchirées et mutilées par les rois rassembleront leurs membres palpitants et guériront leurs plaies ; la paix sera générale, sincère et durable, parce que la sainte alliance qui, enhardie aujourd'hui par les quasi-légitimistes et les quasi-nationaux, rêve la ruine du trône des barricades et celle du peuple qui le fonda, se dissoudra pâle d'effroi à la vue de trois millions de bayonnettes campées sur les hauteurs de la justice et de la raison, et prêtes à s'élancer, à la moindre aggression, jusqu'au cœur des états des princes aggresseurs et à transformer, aux acclamations de leurs peuples libres enfin et fraternisant avec nous, le titre glorieux de roi des

Français en celui plus glorieux encore de président des Etats-Unis d'Europe.

Enfin, si, rendues un jour au monument qui les réclame, les cendres du héros qui fit pendant douze ans l'espoir et la terreur du monde, s'agitent sous la colonne aux anniversaires de la victoire et remplissent les cœurs de souvenirs belliqueux, la royauté citoyenne, tenant d'une main la corne d'abondance, de l'autre la lance de Pallas et portant pour couronne les trophées de la civilisation, dira au fils aîné de la gloire : dors en paix sous tes lauriers ! Les destinées de la grande nation sont accomplies : elle a prouvé sous toi que nul peuple ne la surpasse en vaillance, elle éprouve avec moi que nul ne peut la surpasser en force, en justice, en liberté et en bonheur durables !

L'ombre de Napoléon, trop avide de gloire pour se réjouir, trop amie de la France pour s'attrister, murmurera en rentrant dans la tombe : je suis encore le plus grand des guerriers, mais je ne suis plus que le second des rois.

Français, pétitionnez donc ! pétitionnez ! substituez la pétition logique et constitutionnelle des citoyens, à la pétition irréfléchie et sans base des gardes nationaux ! il y va de la liberté, de la gloire, du salut même de votre patrie.

FIN.

LONDRES : SCHULZE ET CO. 13, POLAND STREET.